DANIEL

Un prisionero con una promesa

Por Anne de Graaf

Ilustrado por José Pérez Montero

Daniel

Un prisionero con una promesa
Escrito por Anne de Graaf
Ilustrado por José Pérez Montero
Diseño gráfico por Nils V. Glistrup

Drejervej 15, 3er piso, DK 2400 Copenhague NV, Dinamarca
E-Mail: info@sph.as Web: www.sph.as

Concebido, diseñado y producido por Scandinavia Publishing House

Impreso en China
ISBN 9788771326116

DANIEL

Un prisionero con una promesa

Por Anne de Graaf

Ilustrado por José Pérez Montero

Daniel echó una última mirada. No había vuelta atrás. ¡De pronto, un latigazo mordió su hombro! Daniel gritó.

"Tú, ese de ahí," gritó el soldado en un idioma extraño. "¡Muévete!"
Daniel nunca había escuchado esas palabras. Pero sí sabía lo que significaba el látigo. Era un esclavo, hecho prisionero por el terrible ejército babilonio.

Daniel se arrodilló para frotarse las heridas. La cuerda que le ataba las manos no se lo permitió. Estaba amarrado al chico que tenía delante.

La misma cuerda ataba a una larga fila de muchachos como él. Salieron de Jerusalén, y se dirigían a Babilonia. Nunca volverían a ver su hogar.

Su hogar. Su padre había muerto en batalla en ese mismo año. Daniel pensó en su madre. La última vez que la había visto fue esa mañana cuando los soldados la sacaron a rastras para llevarla con las otras mujeres que tomaron esclavas. Daniel todavía podía oír sus gritos. Mientras se la llevaban había llamado a su único hijo.
"¡Daniel! Mi Daniel. ¡Recuerda al Dios de nuestros padres! ¡Daniel!" A ella tampoco la volvería a ver.

Daniel vio sus lágrimas caer a la tierra. Caminó tropezando a través de calles llenas de humo. Los muros y las casas se derrumbaban a su alrededor. Él no escuchó nada. No vio nada. Había perdido su libertad, su hogar y a su madre en el mismo día.

"¡Daniel! ¡Daniel!" Las palabras de su madre hacían eco en sus pensamientos. Miró hacia arriba. ¡La voz era real! ¿Quién le llamaba? Entonces Daniel vio a un hombre que le observaba desde los escombros. El hombre inclinó la cabeza hacia Daniel.

Daniel dijo sorprendido, "¡El profeta!" Se llamaba Jeremías. Daniel había oído que el rey de Babilonia le ofreció a Jeremías un lugar en su corte. El profeta lo había rechazado. Prefería quedarse con su pueblo en Jerusalén, una ciudad destruida.

"¡Daniel!" Volvió a llamar el profeta. Daniel se esforzó para escuchar. Por encima de los extraños gritos del soldado escuchó por segunda vez ese día, "¡Recuerda al Dios de nuestros padres!"

Haber visto al profeta ayudó a Daniel a pensar en algo además de su propia pérdida. Daniel recordó la primera vez que escuchó a Jeremías. Era un niño muy pequeño entonces. Ahí había estado, de pie tomado de la mano de sus padres mientras escuchaban el mensaje del extraño hombre.

"¡Dejen de adorar a dioses falsos! ¡Dejen de lastimar al pobre! ¡Dejen de preocuparse tanto por el dinero y las cosas materiales! ¡Vuelvan a Dios!"

La mayoría de la gente se rió, pero no así los padres de Daniel. Ellos estaban entre las pocas personas ricas de Jerusalén que le creían al profeta. Esa noche oraron como familia por toda la gente que lastimaba a Dios.

Los padres de Daniel le enseñaron a dar a los pobres. Creció adorando al único Dios. Este era el Dios de sus padres, y el de los padres de sus padres. Ellos le enseñaron las leyes de la religión. Daniel creció con el amor de Dios en su corazón.

En los años siguientes Daniel escucharía con frecuencia a Jeremías advirtiendo a la gente, "¡El Señor quiere perdonarlos! Dejen de vivir en el mal. ¡Sólo atraerán el desastre!"

Y ahora había llegado el desastre. Jerusalén yacía en ruinas. Todos los ricos y poderosos habían pensado que ya no necesitaban a Dios. Ahora los babilonios los llevaban cautivos a una tierra lejana.

Hacía un año y medio que el ejército de Babilonia rodeó Jerusalén. Impidieron que la comida llegara a la ciudad. El pueblo había aguantado valientemente un mes tras otro con cada vez menos comida. Los babilonios tuvieron con hambre al pueblo hasta que este se rindió. Daniel ya no recordaba cuándo fue la última vez que comió bien. No importaba. Aunque lo único que tenían era sopa aguada, su madre le enseñó a recordar a Dios y a dar gracias.

Ahora Daniel arrastraba los pies, agotado y débil por el hambre y el miedo. Daniel dijo en voz alta, “Sí, lo recordaré. No importa lo que pase, recordaré a Dios. Tengo que hacerlo.”

Cuando Daniel habló, el muchacho que iba delante volteó. "¿Qué dijiste?"

Daniel lo miró con sorpresa. El muchacho caminaba a tropezones igual que él, parecía medio muerto. "Dije que, no importa lo que me pase, no voy a olvidarme de Dios." Hizo una pausa, y agregó, "Tú tampoco deberías hacerlo."

El muchacho asintió con la cabeza. "Tienes razón. No importa a dónde nos lleven, no podemos olvidar quiénes somos." El muchacho que caminaba detrás de Daniel jaló la cuerda. "Oigan, ustedes de adelante," dijo. "Escuché lo que dijeron. Aunque nunca más nos dejen regresar a casa, nunca voy a olvidar de dónde vine."

Daniel miró de un muchacho al otro. Los había visto anteriormente, pero no los conocía bien. Sus familias, como la suya, habían creído en el único Dios. Un escalofrío recorrió su espalda. Pensó, "¿Nos habrá puesto Dios juntos por alguna razón?"

"Oye tú," jaló la cuerda frente a él. "Y tú, detrás de mi, escuchen. Nosotros tres somos hermanos. No importa lo que nos pase. Debemos jurar que nunca

olvidaremos quién es nuestro Dios. Él estará con nosotros donde quiera que vayamos. ¿Lo prometen?"
"Lo juro," dijo el muchacho que iba delante.

"Sí, lo juro," dijo el que estaba detrás de Daniel. "Somos hijos del pueblo elegido por Dios. Nunca lo olvidaré."

"Bien," sonrió Daniel por primera vez en todo el día. "Ahora díganme sus nombres."

Y así comenzó una amistad muy especial entre Daniel, Ananías y Misael. Cuando los guardias no los veían, los muchachos susurraban mensajes entre ellos. Siguieron atados juntos durante el resto del largo viaje al oriente. De día y de noche caminaron a través del desierto, dependiendo de cuando el tiempo fuera más fresco.

Compartieron la comida y oraron por cada uno de ellos. Se contaron historias. Después de un tiempo ya hasta hablaban de sus familias y sus hogares. Sólo tener a alguien con quien hablar ayudaba a reducir el dolor. Aunque nunca se fue. Los tres muchachos habían perdido demasiado para que el dolor pudiera sanar completamente. Sólo Dios podía hacer que eso sucediera.

Daniel dejó atrás su infancia en algún lugar del desierto. Las largas semanas a pie, los azotes de los soldados, y el dolor de la pérdida hicieron que Daniel dejara de ser niño. Se convirtió en hombre a la edad de trece años.

Finalmente llegó el día en el que el ejército y sus prisioneros llegaron a Babilonia. Esta era la ciudad más grande y rica de su tiempo. Grandes templos y palacios cubrían muchos kilómetros a la redonda. Daniel nunca había visto tanta riqueza.

Él y sus amigos fueron llevados al gran palacio de Nabucodonosor, rey de Babilonia. Él era el hombre más poderoso de la tierra. Daniel caminó por los corredores de mármol. Fuentes y jardines aparecían en cada rincón. Finalmente llegó a un gran salón. Vio a cientos de niños y hombres jóvenes como él, todos hechos prisioneros y traídos aquí por los babilonios.

Un hombre muy importante que trabajaba para el rey interrogaba a cada uno de los muchachos. Les preguntaba acerca de sus familias, su educación y su salud.

Cuando fue el turno de Daniel, le sorprendió escuchar al hombre hablar en su propio idioma. "Soy Aspenaz," le dijo. "Quiero que me digas todo sobre ti."

Daniel respondió todas las preguntas que le hizo el hombre. Lo que no sabía era que Aspenaz ayudaba al rey.

Nabucodonosor quería que los muchachos más inteligentes que venían de las mejores familias fueran a una escuela especial. Si les iba bien, algún día podrían trabajar en la corte del rey. Eso sería mucho mejor que trabajar como esclavos en los campos, o cargando ladrillos en las zonas de construcción.

Pronto Daniel fue llamado de nuevo. Esta vez a un salón diferente. Ahí escuchó que había sido elegido para la escuela especial. Era una probabilidad en mil. "Gracias, Dios. Estás conmigo, aún aquí."

Miró alrededor para ver quiénes iban a ser sus compañeros de clase. Su corazón dio un vuelco. ¡Ananías y Misael estaban ahí! No los había visto desde que llegaron a Babilonia.

"¡Hermanos! ¡Ahí están! ¡Ahora mírennos, regresando juntos a la escuela!"

Los tres jóvenes se abrazaron. Ya no estaban atados. Ahora era su fe en Dios lo que los unía para siempre.

No pasó mucho tiempo antes de que a los tres jóvenes se les uniera uno más. El joven Azarías había escuchado a Daniel y sus amigos cuando hablaban de la promesa que le habían hecho a Dios. Él también sentía en el corazón la necesidad de adorar a Dios, especialmente ahí, en esa tierra lejana. A Daniel, Ananías y Misael les dio mucho gusto recibir a Azarías. Juntos continuarían siguiendo las leyes de la religión de su pueblo.

No tuvieron que esperar mucho para la primera prueba. El rey había ordenado a Aspenaz pasar tres años enseñando a sus jóvenes el idioma y la cultura de Babilonia.

Además, Aspenaz debía asegurarse de que todos ellos se convirtieran en hombres altos y fuertes. Para ello el rey le ordenó alimentarlos sólo con la mejor comida y bebida. La primera vez que Daniel recibió una comida así, gimió. "Misael," susurró a su amigo.

"Mira esto. Sabes hace cuánto que ninguno de nosotros ha comido bien. Pero esto es puerco. Y esta carne todavía tiene la sangre en ella. No se nos permite comer esto."

Daniel tomó una decisión en ese mismo instante. "No me importa, no voy a olvidar lo que mis padres me enseñaron. Comer esta carne es contra la Ley de Dios. Tampoco puedo beber este vino."

Daniel habló con Aspenaz. "Por favor, señor, mis amigos y yo no podemos comer esta comida. Hace mucho tiempo nuestro Dios dio a nuestro pueblo una lista de reglas. No puedo romper esas reglas, aunque ya no viva en mi tierra."

Aspenaz miró al alto joven. Ya antes había notado a Daniel. Era un líder innato. Los otros muchachos se acercaban a él para contarle sus problemas. Parecía muy sabio para su edad. Aspenaz podía leer la férrea mirada en los ojos de Daniel. El muchacho hablaba en serio.

Aspenaz sacudió tristemente la cabeza. Odiaba decirle que no, pero no tenía elección. "Le temo a mi señor, el rey. Es él quien ha dicho que debes comer esta comida. Si no lo haces, se dará cuenta de que estás más delgado que los demás. Cuando descubra que no he seguido sus órdenes, seguramente me mandará matar."

Así que Daniel y sus amigos pidieron a Dios que les enseñara lo que debían hacer. Todos ellos sabían que si se rendían y fallaban esta primera prueba, se volvería mucho más fácil olvidar al Dios de sus padres en los años por venir. Su promesa no hubiese significado nada.

Entonces el Señor les dio una idea. Daniel fue a hablar con el cocinero. "Por favor, señor, sólo pruébenos durante diez días. Sólo dénos agua y vegetales. Compruebe usted mismo si no lucimos más saludables que los demás cuando haya pasado el tiempo."

Algunos de los otros muchachos se rieron de Daniel y sus amigos. Ellos eran diferentes. "¿Por qué no comen lo que todos los demás? ¿No es suficientemente bueno para ustedes?" se burlaron.

Daniel y sus amigos sabían que eran distintos. Eso estaba bien. Fue la elección que hicieron cuando prometieron recordar a Dios. Sin duda. Cuando pasaron los diez días, Daniel y sus amigos habían crecido más fuertes y robustos que los muchachos que recibían la mejor comida del rey. Ya nadie se burló de ellos. Eran diferentes, sí, eran más sanos que el resto.

Daniel, Ananías, Misael y Azarías comieron lo que quisieron durante todo el tiempo que estuvieron en la escuela del rey. Dios los bendijo con una extraordinaria salud. Podían correr más rápido que cualquiera de los otros. Eran más inteligentes y sabios en cualquier tema. Daniel incluso sabía decirle a la gente el significado de sus sueños.

Pero los jóvenes sabían que todos estos eran dones de Dios. Todos los días recordaban a Dios y le daban las gracias. Repetían las oraciones que sus padres les habían enseñado.

Al terminar los tres años, Aspenaz llevó a cada uno ante el rey. El mismo Nabucodonosor probó a cada joven para saber cuánto habían aprendido.

Cuando fue el turno de Daniel, el rey apenas podía creer lo que veía y oía. Daniel se erguía alto y seguro de sí mismo. Hablaba el idioma como si hubiera crecido en Babilonia. Nadie hubiese adivinado que este era el mismo muchacho que no entendía una palabra de lo que decía el soldado que le azotaba.

De todos los estudiantes, Daniel y sus tres amigos eran los más inteligentes. El rey dijo a Aspenaz, "¿Por qué son diez veces más brillantes que todos los magos de mi reino? Quiero que trabajen para mí. Necesito hombres sabios como ellos para que me ayuden a gobernar mi reino."

Así el gran palacio de Nabucodonosor se convirtió en el lugar de trabajo de Daniel. Ya no tendría que temer a los azotes de los soldados. Daniel se había convertido en uno de los hombres más prestigiados del reino. Pero esto iba a tener un precio.

Poco después de haber empezado a trabajar para el rey, Daniel tuvo que enfrentar otra prueba. El rey tenía pesadillas. Todas las noches se despertaba sudando frío.

Finalmente el Rey Nabucodonosor llamó a sus magos. "Quiero que me digan qué significa esta pesadilla. Me preocupa tanto que ya ni siquiera puedo dormir."

"¡Gran rey, dinos tu sueño y te diremos qué significa!" dijeron los magos.

Pero el rey era astuto. Pensó, "¿Cómo sé que no van simplemente a inventar algo? Debo conocer la verdad."

El rey Nabucodonosor dijo, "Hablaba en serio. Díganme cuál fue el sueño. Después díganme qué significa. Sé que han estado tratando de ser astutos. Así que díganme ahora lo que vi en mi sueño."

"No podemos hacer eso. Nadie puede hacerl Ningún rey ha pedido eso a sus magos jamás. ¿Cómo podríamos saber qué soñó?"

El rey sacudió el puño, iracundo. "¡Mátenlos ordenó a sus guardias. "Mátenlos a todos. Todos los magos y sabios, no son más que mentirosos. Los quiero a todos muertos, ¡todos y cada uno de ellos!"

Daniel oyó que tocaban a la puerta con fuerza y bajó las escaleras para ver quién era. El capitán de la guardia del rey estaba de pie, sosteniendo su espada.

"Sí, Arioch. ¿Qué se te ofrece?" Daniel le sonrió al soldado. Lo conocía bien.

"Daniel, me temo que he venido a arrestarte. Yo… . Tengo órdenes de matarte." Los ojos de Daniel se abrieron con sorpresa, pero no dijo nada.

"El rey nos ha ordenado matar a todos los magos y sabios. Eso significa tú y tus amigos."

"Pero ¿por qué? No entiendo..." Daniel invitó al capitán a entrar. Cerró la puerta tras él. Una vez dentro, Arioch bajó la espada. Aquí nadie lo vería desobedeciendo sus órdenes. Arioch le contó a Daniel la historia del sueño del rey.

Daniel asintió. "Arioch, espera. Por favor déjame ir con el rey y hablar con él sobre esto."

"¿Lo harías, Daniel? Tal vez hasta puedas ayudarle." Daniel no dijo nada, pero salió inmediatamente a buscar al rey.

Una vez que estuvo en el palacio le pidió al rey que por favor le diera un poco más de tiempo. "No conocía su problema. Con un poco más de tiempo tal vez pueda decirle lo que quiere saber." El rey asintió. Todavía estaba demasiado furioso para hablar.

Daniel corrió a las casas de sus amigos. "¡Pronto!" Es asunto de vida o muerte. ¡Deben orar conmigo esta noche!" Les dijo lo que había pasado. Los cuatro dejaron todo lo que estaban haciendo. Le pidieron a Dios que los salvara. "Por favor muéstranos el sueño del rey." Toda la noche imploraron a Dios.

Entonces, en una visión nocturna, Daniel vio el sueño. Daniel bendijo a Dios, "Eres luz. Tú, Dios de mis padres me has dado sabiduría y poder. ¡Gracias!"

Daniel se apresuró a ver a Arioch. "¡Alto! ¡No maten a ninguno de los sabios! ¡Conozco el sueño del rey! ¡Llévenme ante él antes de que alguien salga lastimado por esto! ¡Pronto!" A Arioch le dio mucho gusto hacer lo que Daniel le pidió.

"Oh, rey, he encontrado a uno de los extranjeros. ¡Él puede decirle qué significa el sueño!"

El rey miró fijamente a Daniel. "¿Cómo puedes saber qué soñé, y más aún, qué significa?" Este rey no era un tonto. Daniel respiró profundamente. "Tiene razón. Ningún sabio o mago puede leer la mente del rey. Pero hay un Dios en el cielo que conoce sus pensamientos. Sus sueños son sobre tiempos aún por venir.

"En cuanto a mi," continuó Daniel, "sólo sé estas cosas porque el Dios de mis padres me las ha dejado ver. Él quiere que usted sepa qué pasará en el futuro."

El rey se inclinó hacia delante y pensó para sí mismo, "Este joven siempre ha dicho cosas que tienen sentido. Pero me pregunto si podrá decirme qué soñé."

Daniel cerró los ojos. "En su sueño vio una gran estatua. Sus distintas partes estaban hechas de oro, plata, bronce, hierro y barro. Mientras usted observaba, los pies, piernas, y otras partes del cuerpo fueron destruidas y aplastadas por una roca. Entonces esa roca se convirtió en una gran montaña.

“Cada parte de la estatua es una nación que gobernará el mundo en el futuro. Usted, mi rey, es la cabeza de oro. Pero, al final, todos los reinos serán destruidos y un reino de Dios regirá toda la tierra.” Daniel miró al rey. Había orado toda la noche y no había parado desde que entró al salón del trono. Si lo que había dicho era la respuesta equivocada, el rey seguramente lo mandaría matar. Daniel esperó.

El rey había dejado de mirar a Daniel. Ahora, muy lentamente, se puso en pie. Arioch y todos los guardias y sirvientes contuvieron el aliento. El rey Nabucodonosor dio un paso hacia Daniel. Entonces, de pronto, ¡se arrodilló!

“Es cierto, tu Dios es un Señor de reyes, el Dios de dioses, que ha podido mostrarte mi secreto.” Entonces el rey dio a Daniel muchos obsequios hermosos. Lo puso a cargo de todos los sabios y lo hizo gobernante de Babilonia.

Daniel sólo pidió una cosa a cambio. Deseaba que sus tres amigos, sus compañeros de oración, le ayudaran a gobernar.

Esta no sería la última vez que Dios le mostrara a Daniel lo que significaba un sueño. Daniel era sabio e inteligente como ningún otro hombre en el reino. Él y sus amigos eran distintos al resto de los magos. Solamente oraban al Dios de sus padres y nunca adoraron a ninguno de los dioses babilonios. Dios los bendijo por esto, de modo que pudieron resolver muchos misterios oscuros y profundos.

Muchos años después de la primera prueba de la habilidad de Daniel, el Rey Nabucodonosor tuvo otro terrible sueño. Nuevamente Daniel fue llamado a su presencia para que le dijera el significado.

Pero esta vez, Daniel quedó tan consternado ante lo que el Señor le mostró, que apenas pudo hablar.

"Dime lo que sabes," preguntó el rey cuando vio el rostro de Daniel.

"Desearía que fuera acerca de sus enemigos, pero su sueño es sobre usted mismo. Llegará un día en que ya no piense en su reino como un obsequio de Dios. Se volverá orgulloso de su propio poder. ¡Entonces Dios lo anulará y se volverá como un animal en el campo! ¡Hasta comerá hierba! Pero después de un tiempo Dios le dará otra oportunidad. Entonces, en su corazón, usted sabrá que Dios, y no el hombre, es quien tiene el poder para encumbrar y destruir a todos los reyes y gobernantes."

Todo ocurrió tal como Daniel lo predijo. Exactamente un año después, el Rey Nabucodonosor caminaba en la azotea del palacio, pensando en lo maravilloso que él era. De pronto, su mente se puso muy enferma. Nadie pudo ayudar al rey, y entonces vivió afuera como un animal. Su pelo creció y sus uñas parecían las garras de un ave. Pero al final de ese período, el rey miró al cielo y recordó quién era. Y, aún más importante, recordó quién era Dios.

Daniel observó cómo ocurría todo esto. Años después, Daniel oyó que el gran Rey Nabucodonosor finalmente había muerto. Sabía que los últimos años del rey fueron los mejores porque le dio a Dios la gloria.

En los años siguientes, Daniel seguiría sirviendo en las cortes de diferentes reyes. Todavía era un prisionero, pero también era un hombre sabio, consejero, e intérprete de los sueños. Durante este tiempo, Daniel se convirtió en un anciano. Ni una sola vez le volteó la espalda a Dios.

A medida que pasaban los años, los reyes de Babilonia se volvieron cada vez más débiles. Nunca más hubo un rey tan grande como Nabucodonosor. El último rey de Babilonia fue un hombre llamado Belsasar. Era un hombre muy orgulloso y hacía lo que quería.

Una noche, el Rey Belsasar tenía una gran fiesta. Decidió que él era tan grande como cualquier dios. "Debería ser capaz de comer de los platos y beber de las copas que han sido usadas por los dioses," fanfarroneó ante sus invitados. Así que Belsasar pidió traer los platos y copas de oro y plata que Nabucodonosor había tomado del templo en Jerusalén.

Estos eran platos y copas que los sacerdotes del templo habían usado para ofrecer sacrificios a Dios. Este fue un grave, grave error de Belsasar. "¡Adoremos a los dioses del oro y la plata!" gritó el rey a sus invitados.

Ahora Belsasar había llegado demasiado lejos. ¡De súbito, una horrible mano salió de la nada y comenzó a escribir en la pared! Los enormes dedos escribieron tres palabras en el muro, y la mano desapareció. El rostro del rey se puso pálido. De pronto sintió que debía sentarse. Temblaba tanto que sus rodillas chocaban entre sí, y todos sus invitados pudieron oír su miedo.

"Traigan a los magos," jadeó el rey.

"Necesito saber qué significan esas palabras." Pero cuando los magos y hechiceros llegaron, nadie podía ayudar al rey.

Los magos murmuraron y titubearon. "¿Debemos inventar algo?" susurraron entre sí.

Mejor no. Recordemos cómo se sentía Nabucodonosor al respecto."

Finalmente, una mujer muy anciana entró en el salón. Era la reina madre de Nabucodonosor. "Mi rey, no hay razón para estar tan pálido. Mi hijo conocía a un hombre sabio y maravilloso. Es un extranjero, sacado de Jerusalén cuando era un niño. Estoy segura de que él puede leer lo que hay en la pared."

Daniel observó el gran salón. No le gustó lo que vio. La comida y bebida y las fiestas escandalosas del rey eran cosas que estaban muy en contra de lo que Daniel creía. Pero el peor de todos los pecados era el de la soberbia. Daniel había visto cómo la soberbia puede anular a un hombre cuando Nabucodonosor perdió la mente.

Ahora sus ojos estaban en los platos de oro y plata de su templo de Jerusalén. ¡Jadeó! ¿Cómo se atrevía el rey? Daniel recordó la última vez que había visto esos tesoros. Era un niño, y estaba en el templo orando con sus padres. Cuando lo sacaron a rastras de su casa, hace muchos, muchos años, juró nunca olvidar lo que eso significaba.

Daniel pensó, "Veo que este rey es muy, muy soberbio. Hasta piensa que debe usar los platos y las copas del templo de Dios."

Entonces Daniel vio lo escrito sobre la pared. El Señor le dejó muy claro lo que estaba pasando. Daniel se volteó hacia el rey. Sacudió la cabeza. "Belsasar, debo contarle una historia antes de leer la escritura de la pared. Esta es una historia

que ya escuchó, pero que decidió olvidar."

Daniel le habló acerca de Nabucodonosor y de cuán poderoso había sido. Le contó de la propia soberbia de Nabucodonosor, y de lo enfermo que se puso hasta que se dio cuenta de que es Dios quien otorga el poder y la gloria.

"Pero, usted, Belsasar, no tiene humildad en su corazón, aún cuando ya sabía todo esto. Usted y sus esposas y sus invitados han estado bebiendo vino de las copas que se ofrecían a Dios. Ha alabado a los dioses del oro y la plata, de la madera y la roca. Ha honrado a todos esos menos al único Dios que rige la vida y la muerte. Esta mano fue enviada por Él.

"Rey Belsasar, las palabras en su muro dicen que su reino le será quitado. Usted no ha valorado. Ha provocado el fin de este reino de Babilonia. Ahora será repartido entre los persas y los medos." Esa misma noche ocurrió tal como Daniel dijo que sería. ¡El Rey Belsasar fue asesinado en su cama! Un nuevo rey, Darío el Medo, subió al poder.

Cuando el Rey Darío tomó Babilonia, eligió a tres hombres para que le ayudaran a gobernar el reino. Uno de ellos fue Daniel. No pasó mucho tiempo para que Darío se diera cuenta de que Daniel era un anciano de dones sorprendentes.
'Daniel fácilmente podría gobernar mi reino él solo. Es el hombre que he estado buscando," dijo Darío.

¡A los otros hechiceros, magos y sabios esto no les gustó nada! "¿Daniel a cargo de todo?" renegaron entre ellos. "Por qué, ¡no es más que un viejo esclavo, un extranjero que ni siquiera come lo mismo que nosotros! ¡Es diferente a nosotros!"

Y fue entonces que los enemigos de Daniel tuvieron una idea. "Utilicemos sus diferencias para deshacernos de él de una vez y para siempre," conspiraron. Estos hombres fueron ante el rey con su plan.

"¡Salve, Rey Darío! Como sus consejeros, hemos decidido que sería sabio si usted firmara un decreto para ordenar a todos en el reino no orar por ningún dios sino por su majestad.
Quien no lo haga, será arrojado a los leones."

El Rey Darío se tocó la barba. "Sí, estoy seguro de que a los dioses no les molestará tomarse un mes de descanso." Y firmó la orden.

Cuando Daniel escuchó la noticia, nada cambió para él. Toda su vida había orado a su Dios. En el piso superior de la casa de Daniel había un cuarto donde oraba todos los días, algunas veces todo el día.

Las ventanas de ese cuarto miraban hacia la lejana Jerusalén.

Con frecuencia Daniel había mirado a través de esas ventanas, recordando su hogar y su familia, ambos ya muy lejanos. Su Dios, sin embargo, siempre había estado a su lado.

Daniel sabía que sus enemigos lo esperaban al final de la calle. Subirían la escalera a hurtadillas para atraparlo rompiendo la nueva ley. Eso no hizo ninguna diferencia. Daniel miró por sus ventanas favoritas. Después se arrodilló para orar y dar gracias a su Dios, el Dios de sus padres. En su corazón sabía que esta sería la prueba más difícil que había tenido que enfrentar hasta ahora.

Los consejeros del rey capturaron a Daniel y lo arrastraron hasta el palacio. "¡Aquí está! Este es el hombre que ha roto su nueva ley. Nosotros mismos lo hemos visto. Estaba arrodillado y adorando a otro Dios. Debe ser arrojado a los leones, tal como usted lo dijo."

El Rey Darío gimió. "No Daniel." Entonces miró a los astutos hombres que lo habían atrapado. "Yo... yo no dejaré que esto suceda."

"Debe hacerlo. Es la ley. ¡Al amanecer, será arrojado a los leones!"

Durante todo el día el Rey Darío trató de pensar en una forma de liberar a Daniel. Sin embargo, al atardecer decidió que no haría nada. Los otros sabios sabían que Darío nunca se atrevería a ir contra su propia ley.

Cuando Daniel cayó en el foso lleno de leones, el rey le dijo, "¡Sé valiente, Daniel! ¡Tu Dios estará contigo!"
El rey sabía muy bien que los leones salvajes, hambrientos, podían despedazar fácilmente a un hombre viejo y débil como Daniel. Pero, ¿lo harían?

El rey estuvo despierto toda la noche, preocupado. No comió nada. Con la primera luz, corrió hasta donde estaban los leones. "Daniel, oh Daniel, ¡por favor, que estés bien! ¿Tu Dios te ha salvado?"

Una voz respondió desde el interior del foso. "¡Larga vida al rey! ¡Sí! ¡Mi Dios envió un ángel que cerró las bocas de los leones! Él sabía que no había hecho nada malo. Usted también lo sabía."

El Rey Darío estaba tan emocionado que saltaba de gusto. "Pronto," ordenó a un guardia. "Rueden la piedra y ayuden al pobre hombre a salir de ese lugar."

Cuando Daniel fue sacado del foso de los leones, ¡no había en él un solo rasguño! El rey le dio un gran abrazo. Después ordenó a los guardias arrestar a los hombres que capturaron a Daniel.

"¡Arrójenlos a los leones! Y esperemos que los pobres animales no se enfermen mucho."

Daniel pasó a servir al Rey Darío, siempre juzgando con justicia. Le ayudó a gobernar el reino con sabiduría y justicia.

Durante toda su vida el Señor le mostró a Daniel muchas visiones extrañas y maravillosas. Eran de los tiempos por venir. Algunos de los sueños que tuvo Daniel ya se han hecho realidad.

Tal vez el más grande de estas pinturas del pensamiento fue sobre un tiempo que es todavía parte de nuestro propio futuro. Cuando ese tiempo llegue, todas las personas que han elegido creer en Dios brillarán como las estrellas. Estas personas iluminarán el camino por siempre y para siempre.

Cuando Daniel murió, se fue al cielo. Justo antes de morir, oró a Dios por su pueblo. Él sabía que su tiempo en Babilonia estaba a punto de terminar. Pronto habría un rey que los dejaría regresar a casa.

La de Daniel fue la plegaria de toda una vida, una oración que siempre lo hizo diferente. Con esta oración él esperaba que su pueblo no tuviera nunca que volver a ser arrastrado prisionero hacia una tierra extraña. "Siempre volteemos a Dios. Siempre recordemos al Dios de nuestros padres."

Podrás encontrar la historia de Daniel en el Antiguo Testamento, en el libro de Daniel.